Fabian Lenk

Im Labyrinth der Finsternis

Mit Bildern von Timo Grubing

Ravensburger

Bibliografische Information der Deutschen Nationalbibliothek:

Die Deutsche Nationalbibliothek verzeichnet diese Publikation
in der Deutschen Nationalbibliografie.
Detaillierte bibliografische Daten sind im Internet
über http://dnb.d-nb.de abrufbar.

2 3 4 5 E D C B A

© 2014 für die Originalausgabe
Ravensburger Verlag GmbH
© 2020 für die Ausgabe in Einfacher Sprache
Postfach 24 60, 88194 Ravensburg
Text in Einfacher Sprache: Yvette Wagner
Umschlagbild: Timo Grubing
Konzept Leserätsel: Dr. Birgitta Reddig-Korn
Design Leserätsel: Sabine Reddig
Printed in Germany
ISBN 978-3-473-36138-0

www.ravensburger.de

Inhalt

Am Krater	4
Ein verdächtiges Geräusch	18
Die Lawine	28
Ein Mann verschwindet	37
Eine gute Idee	45

Keine Angst vor schwierigen Wörtern! Sie werden dir im Glossar auf S. 56/57 erklärt.

leichter lesen

Am Krater

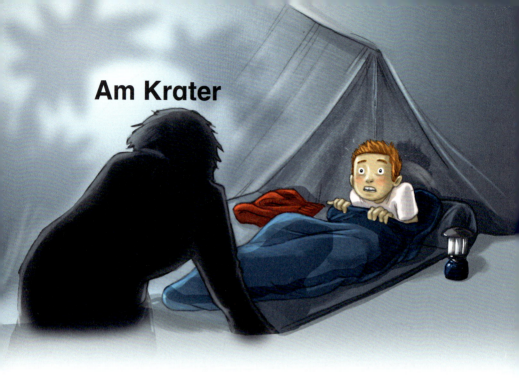

Phil hört Wölfe!
Sie müssen ganz nah sein!
Phil ist neun Jahre alt und
hat Angst.
Jetzt berührt ihn etwas.
Er erschrickt und wacht auf.

Vor ihm steht kein Wolf.

Es ist sein Bruder Jason.

Jason ist elf Jahre alt.

Er kann Geräusche sehr gut

nach·ahmen.

Da öffnet Ted Denver von

außen das Zelt.

Er ist Phils und Jasons Vater.

Ted ruft: „Kommt raus, es gibt

Frühstück!"

Die Denvers sind in einem
Nationalpark in Vietnam.
Hier liegt ein großes
Laby·rinth aus Höhlen
mit vielen Gängen und
unter·irdischen Flüssen.
Bis jetzt war noch niemand
in diesem Labyrinth.

Das will Ted Denver ändern.
Er ist ein berühmter Höhlenforscher.
Diesmal begleiten ihn seine Kinder.
Gestern haben sie hier ihre Zelte aufgebaut.

Heute steigen sie in die Höhle.
Aber jetzt machen sie erst ein
Lagerfeuer, um Kaffee
zu kochen.
Am Lagerfeuer sitzt Robin.
Er kennt sich im Nationalpark
gut aus.
Er soll die Denvers führen.
Phil fragt: „Wann geht es
endlich los?"
Sein Vater erklärt: „Wir müssen
erst die Ausrüstung prüfen.
Klettergurte, Karabiner, Seile,
Anker, Helme, Stirnlampen,
Batterien, Wasser, Proviant."

Robin ergänzt: „Und das
Funkgerät."
Endlich ist es so weit.
Sie gehen durch den
Dschungel.
Robin schlägt mit der Machete
Pflanzen aus
dem Weg.

Auf einmal liegt ein gewaltiger Krater vor ihnen.
Phil wird schwindelig.
Denn der Krater ist groß und sehr tief …

Robin sagt: „Es geht 40 Meter nach unten!"
Unten wächst dichter Dschungel.
Dort fließt ein Fluss, der in einem Stollen verschwindet.

Robin fragt Ted: „Wollen Sie da wirklich runter?"

Ted erwidert: „Klar, deswegen sind wir hier."

Robin sagt: „In die Höhlen hat
sich noch niemand getraut.
Ich habe Sie gewarnt."
Dann bohrt er ein paar Löcher
in einen Felsbrocken.
An dem Felsbrocken befestigt
er einige Anker und ein Seil.

Ted seilt sich zuerst ab.
Dann folgt Jason.
Er ist aufgeregt.
Meter für Meter verschwindet
Jason im Krater.

Langsam erreicht er den Boden.
Da vorn sieht er den Eingang zur Höhle.
Auch Phil und Robin kommen ohne Probleme nach unten.

Phil freut sich: „Geschafft!"
Ted sagt: „Wir lassen das Seil
für den Rückweg hier."
Dann brechen sie auf.
Ted geht zum Eingang der
Höhle.
Die anderen folgen ihm.
Plötzlich wundert sich Phil.
Er hat etwas entdeckt, das
hier nicht hingehört …

Ein verdächtiges Geräusch

Phil ruft: „Seht mal, ein
Karabiner!" Der Haken liegt
neben dem Eingang zur
Höhle.
Ted sagt: „Ich dachte, wir sind
die Ersten hier unten!"
Robin beruhigt ihn: „Bestimmt
hat jemand den Haken
verloren, als er oben
am Krater stand.

Außerdem braucht man eine Erlaubnis, um in diese Höhlen zu steigen. Hier war noch niemand."

Ted sagt: „Gut. Dann weiter!"

Im Stollen ist es dunkel. Sie machen die Stirnlampen an. Jason sieht Geröll, Felsbrocken, Moos und die Schatten der anderen.

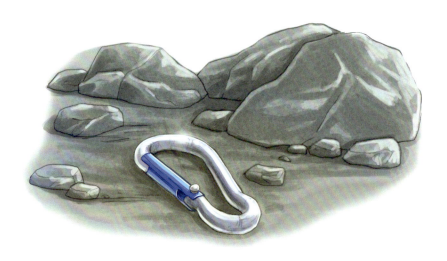

Sie gehen am Fluss entlang, der durch die Höhle fließt. Plötzlich fällt Jason etwas in den Nacken. Er zuckt zusammen. Doch es war nur ein Wassertropfen.

Jason geht weiter. Wieder
spürt er etwas im Nacken.
Doch diesmal ist es kein
Wassertropfen. Ein Insekt
krabbelt über seinen Rücken!
Jason reißt sich das Hemd vom
Körper und schüttelt es aus.
Phil lacht: „Ist das ein
neuer Tanz?"

Jason findet das nicht witzig. Er sieht, dass eine Spinne aus seinem Hemd läuft.

Dann kommen sie in eine gewaltige Höhle. Oben ist ein Spalt. Durch ihn fällt Tageslicht in die Dunkelheit. Hier gibt es Tropfsteine in allen möglichen Formen. An einer Stelle liegen braune Kugeln.

Ted erklärt: „Das sind
Höhlenperlen. Früher waren
das winzige
Sandkörner. Auf sie tropfte
Wasser. In vielen Tausend
Jahren legten sich Kristalle um
die Sandkörner. So sind sie
langsam gewachsen."

Ted fotografiert alles.

Robin sitzt auf einem Stein.

Phil und Jason sehen sich die Höhle weiter an.

Plötzlich hört Jason ein seltsames Geräusch. Es hört sich an wie ein Bohrer. Kam es aus einem der Stollen?

Phil fragt seinen Bruder: „Hast du das Geräusch gemacht?"
Jason schüttelt den Kopf. Er bekommt Angst.
Sind noch andere im Höhlen-Labyrinth? Was lebt hier unten?

Die Lawine

Die Brüder laufen zu Ted und Robin.
Jason fragt: „Habt ihr das auch gehört?"
Sein Vater sagt: „Das kam aus einem Stollen. Es hörte sich an wie ein Bohrer!"

Robin lächelt: „Nein. Hier ist
niemand außer uns."
Jason und Phil sehen sich an.
Erst der Karabiner, dann
dieses Geräusch … Was geht
hier vor?
Ted will nachsehen, aber
Robin hält ihn zurück. Robin
schaut zuerst, ob der Gang
gefährlich ist.

Dann kommt er zurück und meint, dass Steine herabfallen können. Sie sollten besser nicht da lang.
Doch Ted geht selbst zum Stollen, schaut und sagt: „Der Stollen sieht stabil aus. Ich gehe mit Robin dort hinein. Jason und Phil, ihr wartet hier in der Höhle auf uns."

Die Brüder sind sauer, weil sie warten müssen. Aber sie sind neugierig und laufen auch in den Stollen.

Er führt in eine weitere Höhle. Auch hier fällt Licht durch einen Riss in der Decke. Jason und Phil sehen einen großen Berg aus Geröll.

Ganz oben ist ein Spalt, zu dem
Ted und Robin gerade klettern.

Steine rutschen unter ihren
Füßen weg und rollen hinunter.

Da entdeckt Ted die Jungen und schimpft: „Warum seid ihr nicht in der Höhle? Bleibt, wo ihr seid! Der Geröllberg ist gefährlich. Ich komme zu euch!"

Ted klettert hinab.
Robin geht weiter hinauf und kriecht durch den Spalt.

Plötzlich rollt ein großer Stein von der Spitze des Geröllbergs nach unten – genau auf Ted zu. Der Stein reißt andere kleine Steine mit sich. Da kommt eine Lawine runter!
Ted verschwindet zwischen Staub und Steinen! Dann erwischt die Lawine aus Steinen auch die Brüder!

Ein Mann verschwindet

Jason und Phil rutschen mit den Steinen nach unten. Alles ist voller Staub. Zum Glück hat sich keiner verletzt.
Ted meint: „Ich habe wohl selbst die Lawine ausgelöst."

Alle drei rufen nach Robin,
aber er antwortet nicht.
Ted überlegt: „Wir können nicht
zum Spalt hinauf, um nach
Robin zu sehen. Das ist viel zu
gefährlich. Wir könnten dabei
noch eine Lawine auslösen.
Ich bringe euch
aus diesem Labyrinth heraus.
Dann schicke ich Leute hierher,
die Robin suchen."

Sie laufen
zurück zum Krater.
Doch hier erleben
sie eine böse
Überraschung.
Das Seil ist weg!

Jason ruft: „Wie kommen wir
hier wieder raus?"
Ted meint: „Hier stimmt doch
was nicht …"
Da hat Phil eine Idee: „Das
Funkgerät! Damit können wir
Hilfe holen."

Doch Ted schüttelt den Kopf:
„Nein. Das Gerät hat Robin!
Wir müssen zurück und ihn
selbst suchen."
Kurz darauf sind sie wieder
beim Geröllberg. Dieses Mal
klettert Phil zuerst nach oben.

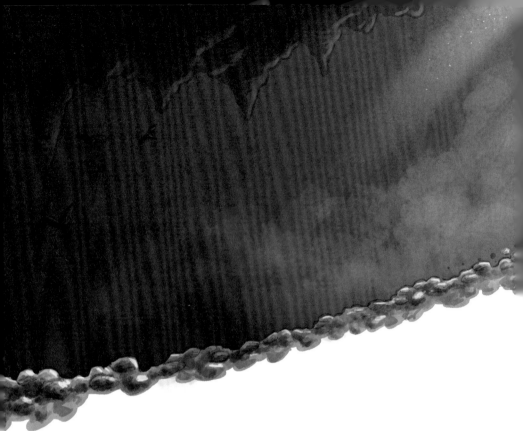

Er ist leicht, sodass unter seinen Füßen die Steine nicht so schnell wegrollen. Phil guckt durch den Spalt und ruft zu den anderen: „Hier beginnt ein weiterer Gang!"

Aus seinem
Rucksack zieht er sein
Seil. Er bindet es an einen
großen Stein. Dann wirft er
das andere Seilende zu Jason
und Ted. Beide ziehen sich am
Seil nach oben. Gemeinsam
dringen sie in den Stollen vor.

Phil sagt: „Hoffentlich finden wir Robin und ..."

Doch Jason legt einen Finger auf Phils Lippen und zischt: „Pst! Ich habe Stimmen gehört."
Ted flüstert: „Du hast recht. Hier sind zwei Männer!"

Eine gute Idee

Sie gehen leise voran. Der
Gang macht einen Knick –
und plötzlich sehen sie zwei
Männer. Phil, Jason und
Ted verstecken sich schnell
hinter einem Felsen. Einer der
Männer ist Robin, der andere
trägt einen Bart und hat eine
Pistole am Gürtel!

Er hat auch einen Bohrer,
mit dem er die Höhlenwand
bearbeitet.
Der Mann mit dem Bart freut
sich: „Hier gibt es wirklich viele
Edelsteine!"
Robin sagt zufrieden: „Diese
Rubine machen uns reich!"

Ted und die Jungs gehen ein Stück zurück. Dann flüstert der Vater: „Robin baut mit dem anderen Kerl heimlich Rubine ab."

Phil meint: „Die hatten Angst, dass wir ihr Geheimnis entdecken."

Ted nickt: „Deshalb wollte Robin nicht, dass wir in die Nähe der Edelsteine kommen. Er hat bestimmt auch die Lawine ausgelöst."

Sie brauchen das Funkgerät, um Hilfe zu holen.

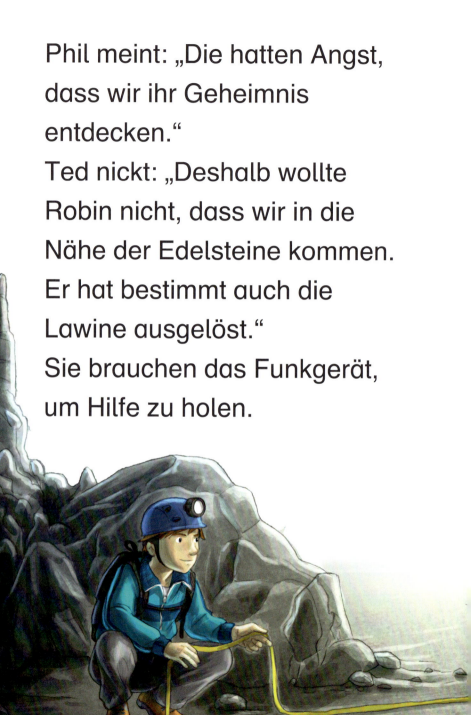

Aber der Mann mit dem Bart hat eine Pistole …
Da hat Jason eine Idee! Er flüstert sie den beiden zu. Dann legen sie ein Seil quer über den Boden. Phil und Jason schnappen sich je ein Ende. Sie sind bereit, das Seil zu spannen. Jetzt ahmt Jason ein Baby nach, das weint.

Der Mann mit dem Bart ruft: „Wo kommt das Geräusch her?"
Da biegt er schon um die Ecke. Jetzt spannen die Jungs das Seil, der Mann fällt hin. Ted stürzt sich auf ihn und schlägt mit der Faust zu.

Mit dem zweiten Seil fesseln sie den Mann.
Da hören sie Robin. Er sucht seinen Komplizen und ruft: „Sam, wo bist du?"
Jetzt heult Jason wie ein Wolf. Dann schreit er laut.
Robin ruft: „Sam, warst du das?"

Da knurrt Jason wie ein Wolf.
Robin bekommt Angst und rennt schnell weg.
Ted, Phil und Jason laufen zum Rucksack, der neben dem Werkzeug liegt.
Phil öffnet ihn – und nimmt das Funkgerät!

Damit laufen sie zurück zum Krater. Ted ruft die Polizei und sorgt dafür, dass man sie aus dem Labyrinth rettet.

Am Abend sitzen die Denvers
in einem Hotel.
Die Polizei hat Robin und den
Mann mit dem Bart gefasst.
Dann ruft ein Polizist auf Teds
Handy an.

Nach dem Gespräch sagt
Ted zu seinen Söhnen: „Robin
gibt alles zu. Er wollte uns
im Labyrinth lassen und mit
den Rubinen fliehen. Es gibt
einen zweiten Ausgang, den
nur Robin und sein Komplize
kennen."
Jason überlegt: „Deshalb
konnten sie das Seil im Krater
entfernen."
Ted will morgen wieder mit den
Jungs ins Labyrinth. Deshalb
müssen sie um sechs Uhr
aufstehen.

Phil meint: „Da schlafe ich bestimmt noch!"
Jason klopft seinem Bruder auf die Schulter und sagt: „Ich wecke dich." Er beginnt zu hecheln. „Du weißt schon, die Wölfe …"

Glossar

Krater
riesiges Loch in der Erde

Nationalpark
Gebiet, in dem seltene Tiere und Pflanzen leben und geschützt sind

Vietnam
Land in Asien

Karabiner
Haken zum Klettern

Proviant
Essen für die Reise

Machete
großes Messer

Labyrinth
verschlungener Weg

Stollen
unterirdischer Gang in einem Berg oder einer Höhle

Geröll
lose Steine

Tropfstein
besondere Steine in Höhlen

Lawine
stürzende Massen von Schnee, Eis oder Steinen

Rubine
rote Edelsteine

Komplize
Helfer bei einem Verbrechen

Leserätsel

Die wichtigsten Fragen zur Geschichte:
Wer · Was · Wo · Wie · Warum

Wer ist verdächtig?

☐ Jason **B**

☒ Robin **K**

Was ist das Problem?

☐ In der Höhle ist ein Wolf. **M**

☒ Die Forscher sind in der Höhle gefangen. **A**

Wo ist es geschehen?

☒ In Vietnam in einem Nationalpark. **T**

☐ In England in einem Tierpark. **I**

Wie ist es passiert?
- ☐ Die Forscher haben ihr Funkgerät verloren. **F**
- ☒ Das Seil ist gestohlen worden. **E**

Warum ist das passiert?
- ☒ Robin will keine Mitwisser. **R**
- ☐ Robin hat die Forscher vergessen. **V**

Lösungswort:

Durchstarten und leichter lesen!

- Kurze Sätze
- Einfache Sprache
- Coole Themen

ISBN 978-3-473-**36141**-0

ISBN 978-3-473-**49170**-4

ISBN 978-3-473-**36139**-7

ISBN 978-3-473-**49166**-7

ISBN 978-3-473-**36140**-3

ISBN 978-3-473-**36138**-0

www.ravensburger.de